SWEAR 'N' SEARCH!

WORD SEARCH FOR ADULTS!

$#@!

F@#K!

D0169685

A SWEARY WORD SEARCH BOOK
BY JOHN T

HOW TO SOLVE WORD SEARCHES

Look for the words listed below the word search. When you find one among the jumbled letters, circle it.

In some cases, there will be no words listed below the word search. These word searches are a little bit more difficult.

Answers are in the back of the book. Good fucking luck.

HAPPY FUCKING SEARCHING.

Identity!

Find insults listed below that are related to a character or profession.

```
P M U F F D I V E R L Y K T J R
I W P R Y M P W V E Y P X B K N
S J R O T M L I T N R M M Q A B
S R A P O M V A S E J R T I N P
A J M S D K R L M S L Y C K N N
R M A T S I E R Z Y W I M T N R
T G L S P G A E E J N I O M E N
I L J D S F O K P T W L Z T N R
S T R M T C C B I E I B S A O M
T U K R R O L H L P R N V T R Y
T D A T J L S O K I O J C T V D
R F D B R L D C W M N O N Y J T
N D O Q Y Y I B T N D P T M L Q
V N V D T D Y R L S G Z D T B N
K J R Y D Y A X S V Q P W Z R T
W B R R D F K A R L Y T K W T R
```

turdpirate
assclown
assgoblin
pisswizard
muffdiver
knobjockey

pissartist
fartfarmer
dickpilot
shitnician
assdoctor
pookeeper
fartmonster

INSULTS #1!

Find the insults listed below.

```
F D O U C H E C A D D Y P Y Y
S U Y S R D I C K S N E E Z E
H D C T H N L B L G Z Y R T R
I U J K W I M A A Y G M E R M
T M E J E Z T B M G Q L B Z L
D B R J M R T B U E F L L M W
U S K L G U S B A F A F M D R
M H A Q L L E U A G F S T P B
P I S S R H N W C O G Y S T G
S T S M C M K B G K T E Y Y M
T Y D U D C T A L Q E J R B N
E T O G O B J J Y W T R V N J
R D T C P R D J M D B B Z L J
```

douchebuggy   jagoff
cockwaffle   jerkass
dicksneeze   lameass
dumbshit   shitbagger
fuckersucker   slutbag
douchecaddy   shitdumpster

4-LETTER WORDS!

Find the suggestive words and profanities listed below.

```
P  C  P  Q  Y  R  D  T  L  D  G  Y  N
I  L  T  K  M  D  Z  L  D  Y  K  Z  G
S  I  X  D  B  D  E  D  I  Y  R  K  Q
S  T  M  W  S  H  D  P  C  F  B  T  D
G  B  N  B  W  H  A  T  K  N  U  M  Z
N  Q  D  N  N  A  I  N  W  Z  M  C  L
A  L  Z  A  D  M  N  T  A  A  M  J  K
S  N  S  V  M  G  U  K  T  L  T  P  G
L  D  U  X  J  N  T  F  D  I  A  D  R
U  J  C  S  L  T  C  L  F  R  T  J  M
T  T  K  T  U  B  V  O  C  D  B  S  B
R  N  V  B  M  L  J  N  C  P  M  K  Y
B  P  P  N  D  W  M  P  K  K  M  N  R
```

twat	fuck
piss	slut
shit	crap
cock	anus
hell	anal
damn	clit
tits	suck
butt	muff
dick	wank

ASS___!

Find the words listed below that form an insult when combined with 'Ass.'

```
M L J S T L P T T W K T W Y
K G R R U R F X N C L K R Q
H O L E L C Q U A M C V D N
J M G B Q L K R C O U K K R
B H F D K Y C E C K R N D J
Y Y E A D R R G R E E Z C R
L B Q A C M B V K W L R M H
P L M R D E K C L G A W Y Y
C N T Z Z T A N D I K D E T
P L X B P R D N O L C T D V
I W O J C B M L O C I K L J
P Q Z W T L Z O B B K D B G
E J N J N Y T J W A Y E L L
D G T P J V L Y D L G X R Z
```

tool	lick
cock	face
crack	cracker
mad	munch
clown	hole
bite	bag
head	wad
pipe	fucker
knocker	sucker

CUSSIN' CREATURES!

Find words related to animals, birds, or insects.

```
B I T C H M L P V J R Y Z M Y D
L M T P N R N J N X B J L T K M
D L N Y T P D Q P L N Y I M L M
Q X Q J L M R Q L R E H R R T X
H O R S E S H I T K S K C R V Y
Y B B B V L S R N D C B A O W N
P M U J M S D O R U X F G M C W
W E V L A D M I F B K M T T Y K
W N A K L S B Y C C M N K S D K
N Z C C S S E L U K A N S B N R
M A J A O K H D R S W U D X Z B
J W D Q N C Y I S D P E L Y G D
Y B T O B K K I T Z T J A K N M
V Z M J P R P B S P Y W D S T B
R K W L L W N S T J T Q K K E Y
J B M B P R A Y G R Q R J J Q L
```

There are 13 words that are related to
animals in some way. Some of them may
be profanities on their own and some of
them may be a creature with a profanity as
part of the name. **Find them all!**

Examples: bitch, horseshit, peacock

INSULTS #2!

Find the insults listed below.

```
D L I M P D I C K T Y D D J
O D R T N F J J T Q N N W B
U I O B W Y U U L S P S R R
C C D U K A B C P K U Y E T
H K L T C S T I K R J L D S
E B D F S H L S U J B W L J
T E D A U T E A I B O L B S
R A L I A C S M O C A B S M
A T R W C A K G O B L A T V
I E T B T K K W T B P E T K
N R Q N P C W I I A I L T P
K Z U G O D H A E T L L Q N
Y C T C Y S Y H D B X T E D
T D Y M M Y C N X L M R B J
```

twatlips	douchemobile
cuntasaurus	assbutt
dickbeater	shitballs
fuckwit	douchetrain
cockgobbler	twatsicle
cheapass	fuckjob
limpdick	dickwad

BRITISH CUSS WORDS!

Find swear words and insults listed below that are so British.

```
A R S E H O L E B M X T Y
P W T Q B M N Q Z Y A Y N
I M A J J L N K J W D S P
S W Y L E D T G T O K B K
S W A S L W J Q O C R N M
E B R N T Y Z L O W J J J
D A E J K W B L V R A E J
X R W L Y E L G N N T N J
Q O N M L O R D L I L R K
C L B T B E X D H J N M Y
M N P N R X N S K N R Q R
L B V Z P J L D B V N Z Z
```

twat	wally
arsehole	wanker
bloody	bollocks
arse	wank
pissed	bellend
shite	cow

Find profanities and suggestive words that are related to body parts.

```
C U N T F L A P S X B V G
A S S H O L E N D V M S E
S H I T B R A I N S P C X
P T B D T R J Q D A A Y X
E L R M J D M Y L F L D N
C V N D M R I F K T B D J
K N Q L F M S C P T L P K
E V U F D S U C K U R P D
R X U T I F C D R H S T N
H M R P S N M O W A E S B
E A S S J A L G C L C A Y
A Z J J Q D C V X K B K D
D Q K Q T D Y K T W D Q B
```

There are 13 swear words that are related to parts of the body in some way. **Find them all!**

Example: Fuckface

CONTAINS ASS!

The words listed below have 'ass' in them. Seriously. Go find them.

```
A S S O C I A T I O N B B S M Z
S G G L B Z L Y B M Q T S G Y T
S S L N K R Y T G X A A L D W B
I N U Z D Q A E D B L S P L N Y
S V N N V C G S P C N G S P S Y
T L Y D G A A P S A B E L S J R
C B L K S L J S A Q S D A A B Y
A P A S S G A G S S Q S B A S S
R J A K D X M S A E S B W P Q S
C P A Z S N M L S M T I R O Y Y
A M L S R A O A R N L T O B R M
S D A R S M S Z S L P N E N N D
S R D R X I M S Q S R Q B G L X
G Q Y T J W G M U Y A J Y B G D
Y Z J P X Q J N W M L G B N M L
X B N M D D M N P K E B E W B B
```

mass	assign
pass	passion
bass	massage
class	passage
grass	carcass
sassy	password
brass	cassette
assume	sunglass
assist	molasses
	association

COCK ___!

Find the words listed below that form an insult or profanity when combined with 'Cock.'

```
R D Y L L L N R L D T B
J Q Y Y M L S E P T G T
Q T R R J X X H T Q Y R
S T X J J X M Y I E N E
U N U G G E T A K T S B
C P S N D K N N S O X L
K P O M M B O W N T K P
E M I T O M Q H P Y E J
R Z R T K K T F R Z R R
R D T N M I E L A A J K
N T Y Z M R J R T C S N
W K N S M Z Z T T N E S
```

ass
pit
face
sucker
monkey
nose

smoker
smith
shit
nugget
master

INSULTS #3!

Find the insults listed below.

```
G P O R K B O N E R Y D D I Z R
U L Q T L B B Z T X Q V X I E K
T Q G D L Y K Q N J Z A N G T E
T D N I W D L V R J T O D P L J
E T R C L Q I J B E R A T C N R
R P T K V T D C H E B N Y B E Y
S P D J M M P C K T K C T B M
L B N U Y Q U C A N T L X R R J
U G R I K O U W L A I E Z D V Q
T Z Q C D F T S W M K P K L Y N
W P Y E K M K T K C V N P Y W V
R R R X J Y P C O A R B Q L N W
G J Y P N N I C D J N L T M E Q
M R D O P D T D D R K K D G Q L
```

douchetaxi	dickmilk
dicknipple	skank
twatbadger	twatcycle
gutterslut	cock
fucker	dickjuice
	porkboner

EUPHEMISMS!

Find the mild alternative of the words listed below.

```
D D A R N Q Z N K V
F R I G M H B C T M
X R R L C T E V T B
P G I T L H O O Q N
J L I C E W O O M T
B W M G K H E U T Y
W V D Z S I B E W K
G U N Y L J N T D Y
F R Z Y D P B X R Q
X W G X U Y H V T B
```

fart	hell
fuckin	shit
damn	ass
fuck	dickweed
bitch	

SEXUAL HEALING!

Find profanities and suggestive words that are related to sex.

```
X  T  B  T  B  L  O  W  J  O  B  L  T
P  L  G  Y  Z  M  G  Q  T  K  Z  M  G
B  U  B  V  Y  V  W  I  M  M  Y  L  K
R  C  S  S  X  N  L  N  K  E  D  C  R
F  Q  U  S  L  C  X  V  L  W  O  K  B
U  T  M  M  Y  U  L  Y  B  C  A  S  S
C  Z  N  Y  L  R  T  W  O  Q  L  V  E
K  M  N  J  Y  S  B  P  N  Z  L  R  X
I  S  J  N  Y  L  B  J  E  Z  O  L  T
N  J  C  G  T  K  D  M  R  H  A  B  Q
G  R  G  R  C  D  L  L  W  N  W  R  N
N  O  Z  U  E  R  N  L  A  N  X  D  R
D  W  F  P  B  W  Z  J  P  Y  B  M  K
```

There are 14 swear words that are related
to sex in some way. **Find them all!**

Example: blowjob

DOUCHE ___!

Find the words listed below that form an insult when combined with 'Douche.'

```
J M T Y B M W R Q M W J J
M B R Z Y B P E Z N J X N
K D A W Y X L T M T Z N W
C Q I G N Z R O C K E T N
L A N J Z R V M D W M G N
W K N O W A F F L E E B N
T Y N N E N E P A N T S D
X D Q O O L R L A H B N L
D L N G L N K L M O A B Z
M A A I J D P L B L G T J
C W V T V P P A T B R Y Q
T Q R Y N D K D M L J G Z
```

pants	wagon
canoe	waffle
land	rocket
nozzle	bag
kabob	cannon
ville	train
hat	plane

VINTAGE SWEARS!

Find mild insults and expressions listed below that were more popular in the past.

```
S T I N K S S H E E S H Y Y R
J B M L Q B Q L J B J N Z N M
R R O T Y R W G B N L Z Y J R
R B W L E R J D R N Q P W M B
J Q R G O Z A Q P V X R L M K
X N O D H N J T V V M B N C D
L O R M W O E E S T K Z I L D
B U S R A S G Y E S I T J Z Q
T D G U K L J W T P S C N V N
Y K A C C L A A A E E X K D K
K T U N B K R R L S Z R D E Y
T H R J G D S D K N H J S R D
S Y J O X V D G N E L D D N R
N N Z M L I M D L X Y P X Y R
L Z J N F L M M L N Q K X N T
```

malarkey	sucks
fiddlestick	stinks
booger	troll
shucks	jeepers
rats	sheesh
drats	ticked
hogwash	turd
boloney	dang

INTERNATIONAL SWEARS!

Swear words and obscenities from around the globe.

```
Z S S R N Z Y S R J D E D
A L T C N N E M Y Y D D P
J W M R H N Z Y Q R Y L G
E P V A O E X N E T Y D L
B M U J L N I M C A Z Z O
I O O T Q A Z S M M A J N
S C S T A Q K O S M R E Y
T B D H N Q V A A E K G T
E M L Y I K V S M C Q B J
Q B L Y R R I Z I A Q B Z
W D P W D K I F C Y K X N
Y Q Z W K L T A X B X G Q
N J Q X D D C T P B Y R W
```

puta (spanish/prostitue)
caca (spanish/shit)
merde (french/shit)
kisama (japanese/rude person)
malaka (greek/fool)
zajebiste (polish/ fucking awesome)

stronzo (italian/asshole)
cojones (spanish/balls)
ficken (german/fuck)
scheisse (german/shit)
oshiri (japanese/butt)
cazzo (italian/dick)

Find the insults listed below.

```
F  D  I  L  D  O  S  T  A  I  N  K  K  Y
A  X  X  B  R  F  Z  B  L  X  C  D  D  G
R  D  T  J  I  P  U  D  L  A  D  D  V  D
T  F  Q  F  Y  T  K  C  N  N  A  L  R  D
F  D  U  M  U  L  C  S  K  C  V  A  G  M
O  I  E  C  P  C  T  H  E  T  H  Q  T  M
N  C  E  G  K  I  K  H  D  W  U  T  Y  Q
D  K  F  V  H  A  C  N  O  I  U  R  D  N
L  S  B  S  B  U  S  L  U  L  C  T  D  V
E  A  U  V  O  G  B  A  S  G  M  K  T  K
R  U  R  D  R  Y  L  T  U  L  G  N  J  J
L  C  G  W  J  Y  T  Y  B  R  M  E  J  G
B  E  E  M  P  U  K  T  K  D  U  V  T  Q
M  Y  R  B  B  Y  J  N  Y  D  N  S  Q  K
```

shitsnack
dicksauce
fucknugget
douchecaddy
fuckturd
fuckasaurus

buttslut
bitchdick
fartfondler
dildostain
blowhard
queefburger

RUDE FOOD!

Find profanities or suggestive words related to food.

```
Q F Y C A R S E B U T T E R
U C U N U T S R D K R L S P
E O T C Z N E R C K K N E J
E C T B K N T A M C U S B B
F K J W E N S M I B E G S D
B B C I A T U P U E D T Z T
U U W R U T E G H F I T B V
R R R N E H W C G T F Q M Z
G G Z B C A K A R E B I D M
E E T U J C M E F D T V N R
R R O M I B T P Y F L S Y K
M D X D P A N Q I R L R L K
Z R K Z T V L G P E G E P V
```

There are 14 obscene words that are related to food in some way. **Find them all!**

Examples: douchepickle, buns

WHERE THE FUCK AM I!

Find the swear words and insults that are related to places or locations.

```
B Z Z M T D S H I T H O U S E B
U J J B Y B O Y D R L E D R Y E
M Q D K Y V G U L D C N M Z S R
F B T B W P R D C A Y Q D U T E
U D K K Q V P L L H V G O L S D
C Y O J N K Q A T T E H G A R N
K Q K U L M P F E N E D C J W J
D Q N M C H T D U R K E I O L G
H I B V C H A J O C C M T N B M
E B C T D C E H P A K K R V E Y
L M I K E N W D P N C V L T D R
L B M C L J R S I U W X I Y Q Y
N M A T L A V W F N M P Z L Q T
D P Y J R V N D R K E N M K L Q
S R T J Y D Q D R Y N R B T J E
```

There are 12 swear words and insults that are related to places or locations. **Find them all!**

Examples: spacecase, bitchpalace

INSULTS #5!

Find the insults listed below.

```
S C R O T U M D O N K E Y V R B
N X R P L V Z B Y E R Y L Y L D
Z N R Y P T D K L X R L R T R T
D B Y T D J B O Y E W E R A V W
Q O T M R Z H M K N T P T L B G
D M U G Q W L C B S T S T N V R
B I G C O Y I Y I I A P Z Y K M
U R C L H L W E K B R K G N P N
T Y B K K E M W T Y C D U L O Q
T Z L C T T Y A K U B H T G Y Q
J M I D I I R A F M C N A U Y J
U D Y H D G C B C S R W Z Q R B
N D S Y M Z M K S H K Y Q R Z D
K R X L P U P A L C T L J M Q Y
I M X L D N L M A E B N T D K V
E R P P D Q N J X K R J L J D Z
```

dicktickler	dumbfuck
ratbastard	shitmeister
blowhole	asschunk
jackwagon	dicklicker
doucheyacht	buttjunkie
birdturd	scrotumdonkey

CUM ___!

Find the words listed below that form an obscene word when combined with 'Cum.'

```
Z P J P U D D L E T J R
K T D U W T J G U B M M
M G S U N J A L M K M Y
L B J O M K S R Y J B Q
W U M O C P I S T R D W
I B R M C K S E T R D R
P B L B G K T T E A E Q
E L D N U Y E L E L I P
L E M L L C Z Y G R X N
X X T X B Z K G D Y Y X
M J N X U T U E Q D G Q
N V W G Y J N N T X B Y
```

bubble
dumpster
stain
wipe
sock
junkie

guzzler
bucket
jockey
tart
slut
puddle
juggler

CONTAINS CUM!

The words listed below have 'cum' in them. Seriously. Go find them.

```
D O C U M E N T C M L E Y N
J T X M Y L G A Y U T Z X Y
I B D L J J Y T C A M X N D
M N R X Z R T W L U Z I E M
L K C N D W C U N G M S N M
J R J U B L M U A L I E U R
W R S M M U C B C C T C N W
J Z U L C B M U M U L D P L
D C C D Z U E U M A M B D T
S Z C N C K C N T Q R B Y T
T M U S B R Y P T B U P E M
R R M N I D R P N G V A N R
M M B C R R Q V N T Z Y T D
```

scum	scumbag
cumin	cumulate
succumb	document
cucumber	incumbent
acumen	circumcised
cumquat	talcum

RETRO SWEARS!

Find mild swear words and insults that were more popular in the past

```
T S V P L V D K L W J P R R
B Y W J L J K S T I N K E R
M Z Y I R Z R J R T P W R R
M L J D N E R W R C R Q G Q
S Q O K L D J R E H W I N O
R N B S O T L E M I L B N M
R M I Z E E L E C K R K K N
D D O T K R L M R T T D O K
C B X A C D T B Z N Q O O Y
R Y N R Y H G R I K G K T Z
E S N V P T J M A M V Q G D
E W M L N W R E N S L T J R
P J B G D A R T P N H T W T
P R P R V F B Y R W Q M D M
```

weirdo	swindler
freak	wino
creep	varmint
bozo	witch
snake	reject
snitch	trash
stinker	loser
	goon

DICK ___!

Find the words listed below that form a swear word when combined with 'Dick.'

B X P N S T M T J K V P
N Y M V F U G Y H B Y G
J U I C E U C H N E Z Y
R L L J F G C K O O A Q
D W K K A A E K E L S D
W Z E B R Z C J D R E E
J E L A E D T E X T K N
B D E E S P R T J J Z Q
L R N D A E W N W B J R
G S T L Y Q L A J D P M
Q D S Y J T Y W D N T D

fuck	juice
sucker	sneeze
hole	nose
weasel	face
bag	head
wad	weed
milk	slap

INSULTS #6!

Find the insults listed below.

```
F U C K F A C E I D I O T P L X
R L L M L N P V N P G L B P D D
T H U N D E R C U N T B B Q J B
A J D Y K K I P V J N Z D V M X
Q S L N T Y C K P Q Z R W X D R
R Y S W X I K Z D D U M D D E L
B P D H M B T R D T L D N K Y J
U Q L I A Z A T E R E Y C Q S Z
T M D D C T T H Y E D U B P T E
T Z W M S K C M W B S B I B L G
M D B A R U B K J K L L Q O R J
U Z B E O T C I C B T I H T H T
N N J D Y I Q O T A D S S C J Z
C Q J W D W C G W C S K T T N J
H L P R R T G T B A H I D Q E R
L Z Z J M L T Z N N B P X G N R
```

asshat	idiot
doucheturd	fuckface
prick	cocksucker
bitch	buttmunch
dickweed	dickbitch
asshole	tittyblister
bastard	twatlips
jerk	thundercunt

3 BONUS PAGES FROM...

F-WORDS!

Swear words that contain 'fuck.'

ACROSS

1 I gambled all of my money and can't pay rent. I'm ___!
2 a desireable male
4 weighs a lot
7 you missed my b-day. You are a ___!
10 don't give any ___!
11 think sour taste
12 are you out of your ___ mind?
13 after sex clean-up cloth
14 think rodent

DOWN

1 one who messes up constantly
3 incestuous
4 think of something a sqirrel may eat
5 have more sex than anyone else
6 tell someone to go away
8 Duh!
9 sex using the breasts

RUDE FOOD!

Profanity and suggestive words that are related to food or drinks.

ACROSS

2 slang for penis + popular Swiss food
5 vagina (British) + batter cake w/grid-like pattern
7 one who drink wine a lot
9 wal, pea, and hazel are these
11 potato + breasts
12 slang for ass (or) desserts eaten on birthdays
13 baked dish of fruit (or) sex act

DOWN

1 sex act inolving the scrotum
3 pussy + small dome-shaped cake
4 sausage or hot dog
6 sex + frozen dessert on a stick
8 slang for scrotum
10 homemade bread rolls

DOUCHE ___!

*Insults that began with 'Douche.' **Fill in the blank!***

ACROSS

2 food on a skewer
5 a space capsule is put into orbit by this
8 level and flat surface
9 breakfast food
11 earth's surface not covered by water
12 trailer with 4 wheels
13 trousers

DOWN

1 narrow boat propelled by paddles
3 flexible container
4 spout at the end of a hose that controls water flow
6 connected railroad cars
7 pirate gun mounted on a ship
10 head covering of the vagina

CHECK OUT THESE SWEAR WORD ADULT
COLORING BOOKS BY
JOHN T!

ANSWERS

SEARCH 1: IDENTITY!

```
P M U F F D I V E R L Y K T J R
I W P R Y M P W V E Y P X B K N
S J R O T M L I T N R M M Q A B
S R A P O M V A S E J R T I N P
A J M S D K R L M S L Y C K N N
R M A T S I E R Z Y W I M T N R
T G L S P G A E E J N I O M E N
I L J D S F O K P T W L Z T N R
S T R M T C C B I E I B S A O M
T U K R R O L H L P R N V T R Y
T D A T J L S O K I O J C T V D
R F D B R L D C W M N O N Y J T
N D O Q Y Y I B T N D P T M L Q
V N V D T D Y R L S G Z D T B N
K J R Y D Y A X S V Q P W Z R T
W B R R D F K A R L Y T K W T R
```

SEARCH 2: INSULTS #1!

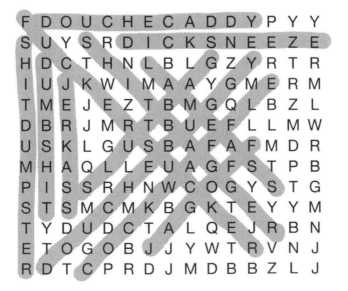

```
F D O U C H E C A D D Y P Y Y
S U Y S R D I C K S N E E Z E
H D C T H N L B L G Z Y R T R
I U J K W I M A A Y G M E R M
T M E J E Z T B M G Q L B Z L
D B R J M R T B U E F L L M W
U S K L G U S B A F A F M D R
M H A Q L L E U A G F S T P B
P I S S R H N W C O G Y S T G
S T S M C M K B G K T E Y Y M
T Y D U D C T A L Q E J R B N
E T O G O B J J Y W T R V N J
R D T C P R D J M D B B Z L J
```

ANSWERS

SEARCH 3: 4-LETTER WORDS!

```
P C P Q Y R D T L D G Y N
I L T K M D Z L D Y K Z G
S I X D B D E D I Y R K Q
S T M W S H D P C F B T D
G B N B W H A T K N U M Z
N Q D N N A I N W Z M C L
A L Z A D M N T A A M J K
S N S V M G U K T L T P G
L D U X J N T F D I A D R
U J C S L T C L F R T J M
T T K T U B V O C D B S B
R N V B M L J N C P M K Y
B P P N D W M P K K M N R
```

SEARCH 4: ASS___!

```
M L J S T L P T T W K T W Y
K G R R U R F X N C L K R Q
H O L E L C Q U A M C V D N
J M G B Q L K R C O U K K R
B H F D K Y C E C K R N D J
Y Y E A D R R G R E E Z C R
L B Q A C M B V K W L R M H
P L M R D E K C L G A W Y Y
C N T Z Z T A N D I K D E T
P L X B P R D N O L C T D V
I W O J C B M L O C I K L J
P Q Z W T L Z O B B K D B G
E J N J N Y T J W A Y E L L
D G T P J V L Y D L G X R Z
```

ANSWERS

SEARCH 5: CUSSIN' CREATURES!

```
B I T C H M L P V J R Y Z M Y D
L M T P N R N J N X B J L T K M
D L N Y T P D Q P L N Y I M L M
Q X Q J L M R Q L R E H R R T X
H O R S E S H I T K S K C R V Y
Y B B V L S R N D C B A O W N
P M U J M S D O R U X F G M C W
W E V L A D M I F B K M T T Y K
W N A K L S B Y C C M N K S D K
N Z C C S S E L U K A N S B N R
M A J A O K H D R S W U D X Z B
J W D Q N C Y I S D P E L Y G D
Y B T O B K K I T Z T J A K N M
V Z M J P R P B S P Y W D S T B
R K W L L W N S T J T Q K K E Y
J B M B P R A Y G R Q R J J Q L
```

SEARCH 6: INSULTS #2!

```
D L I M P D I C K T Y D D J
O D R T N F J J J T Q N N W B
U I O B W Y U U L S P S R R
C C D U K A B C P K U Y E T
H K L T C S T I K R J L D S
E B D F S H L S U J B W L J
T E D A U T E A I B O L B S
R A L I A C S M O C A B S M
A T R W C A K G O B L A T V
I E T B T K K W T B P E T K
N R Q N P C W I I A I L T P
K Z U G O D H A E T L L Q N
Y C T C Y S Y H D B X T E D
T D Y M M Y C N X L M R B J
```

ANSWERS

SEARCH 7: BRITISH CUSS WORDS!

```
A R S E H O L E B M X T Y
P W T Q B M N Q Z Y A Y N
I M A J J L N K J W D S P
S W Y L E D T G T O K B K
S W A S L W J Q O C R N M
E B R N T Y Z L O W J J J
D A E J K W B L V R A E J
X R W L Y E L G N N T N J
Q O N M L O R D L I L R K
C L B T B E X D H J N M Y
M N P N R X N S K N R Q R
L B V Z P J L D B V N Z Z
```

SEARCH 8: BODY PARTS!

```
C U N T F L A P S X B V G
A S S H O L E N D V M S E
S H I T B R A I N S P C X
P T B D T R J Q D A A Y X
E L R M J D M Y L F L D N
C V N D M R I F K T B D J
K N Q L F M S C P T L P K
E V U F D S U C K U R P D
R X U T I F C D R H S T N
H M R P S N M O W A E S B
E A S S J A L G C L C A Y
A Z J J Q D C V X K B K D
D Q K Q T D Y K T W D Q B
```

ANSWERS

SEARCH 9: CONTAINS ASS!

```
A S S O C I A T I O N B B S M Z
S G G L B Z L Y B M Q T S G Y T
S S L N K R Y T G X A A L D W B
I N U Z D Q A E D B L S P L N Y
S V N N V C G S P C N G S P S Y
T L Y D G A A P S A B E L S J R
C B L K S L J S A Q S D A A B Y
A P A S S G A G S S Q S B A S S
R J A K D X M S A E S B W P Q S
C P A Z S N M L S M T I R O Y Y
A M L S R A O A R N L T O B R M
S D A R S M S Z S L P N E N N D
S R D R X I M S Q S R Q B G L X
G Q Y T J W G M U Y A J Y B G D
Y Z J P X Q J N W M L G B N M L
X B N M D D M N P K E B E W B B
```

SEARCH 10: COCK___!

```
R D Y L L L N R L D T B
J Q Y Y M L S E P T G T
Q T R R J X U H T Q Y R
S T X J J R M Y I E N E
U N U G G E T A K T S B
C P S N D K N N S O X L
K P O M M B O W N T K P
E M I T O M Q H P Y E J
R Z R T K K T F R Z R R
R D T N M I E L A A J K
N T Y Z M R J R T C S N
W K N S M Z Z T T N E S
```

ANSWERS

SEARCH 11: INSULTS #3!

```
G P O R K B O N E R Y D D I Z R
U L Q T L B B Z T X Q V X I E K
T Q G D L Y K Q N J Z A N G T E
T D N I W D L V R J T O D P L J
E T R C L Q I J B E R A T C N R
R P T K V T D C H E B N Y B E Y
S P D J M M P C K T K C K T B M
L B N U Y Q U C A N T L X R R J
U G R I K O U W L A I E Z D V Q
T Z Q C D F T S W M K P K L Y N
W P Y E K M K T K C V N P Y W V
R R R X J Y P C O A R B Q L N W
G J Y P N N I C D J N L T M E Q
M R D O P D T D D R K K D G Q L
```

SEARCH 12: EUPHEMISMS!

```
D D A R N Q Z N K V
F R I G M H B C T M
X R R L C T E V T B
P G I T L H O O Q N
J L I C E W O O M T
B W M G K H E U T Y
W V D Z S I B E W K
G U N Y L J N T D Y
F R Z Y D P B X R Q
X W G X U Y H V T B
```

ANSWERS

SEARCH 13: SEXUAL HEALING!

```
X T B T B L O W J O B L T
P L G Y Z M G Q T K Z M G
B U B V Y V W I M M Y L K
R C S S X N L N K E D C R
F Q U S L C X V L W O K B
U T M M Y U L Y B C A S S
C Z N Y L R T W O Q L V E
K M N J Y S B P N Z L R X
I S J N Y L B J E Z O L T
N J C G T K D M R H A B Q
G R G R C D L L W N W R N
N O Z U E R N L A N X D R
D W F P B W Z J P Y B M K
```

SEARCH 14: DOUCHE___!

```
J M T Y B M W R Q M W J J
M B R Z Y B P E Z N J X N
K D A W Y X L T M T Z N W
C Q I G N Z R O C K E T N
L A N J Z R V M D W M G N
W K N O W A F F L E E B N
T Y N N E N E P A N T S D
X D Q O O L R L A H B N L
D L N G L N K L M O A B Z
M A A I J D P L B L G T J
C W V T V P P A T B R Y Q
T Q R Y N D K D M L J G Z
```

ANSWERS

SEARCH 15: VINTAGE SWEARS!

```
S T I N K S S H E E S H Y Y R
J B M L Q B Q L J B J N Z N M
R R O T Y R W G B N L Z Y J R
R B W L E R J D R N Q P W M B
J Q R G O Z A Q P V X R L M K
X N O D H N J T V V M B N C D
L O R M W O E E S T K Z I L D
B U S R A S G Y E S I T J Z Q
T D G U K L J W T P S C N V N
Y K A C C L A A A A E E X K D K
K T U N B K R R L S Z R D E Y
T H R J G D S D K N H J S R D
S Y J O X V D G N E L D D N R
N N Z M L I M D L X Y P X Y R
L Z J N F L M M L N Q K X N T
```

SEARCH 16: INTERNATIONAL SWEARS!

```
Z S S R N Z Y S R J D E D
A L T C N N E M Y Y D D P
J W M R H N Z Y Q R Y L G
E P V A O E X N E T Y D L
B M U J L N I M C A Z Z O
I O O T Q A Z S M M A J N
S C S T A Q K O S M R E Y
T B D H N Q V A A E K G T
E M L Y I K V S M C Q B J
Q B L Y R R I Z I A Q B Z
W D P W D K I F C Y K X N
Y Q Z W K L T A X B X G Q
N J Q X D D C T P B Y R W
```

ANSWERS

SEARCH 17: INSULTS #4!

```
F D I L D O S T A I N K K Y
A X X B R F Z B L X C D D G
R D T J I P U D L A D D V D
T F Q F Y T K C N N A L R D
F D U M U L C S K C V A G M
O I E C P C T H E T H Q T M
N C E G K I K H D W U T Y Q
D K F V H A C N O I U R D N
L S B S B U S L U L C T D V
E A U V O G B A S G M K T K
R U R D R Y L T U L G N J J
L C G W J Y T Y B R M E J G
B E E M P U K T K D U V T Q
M Y R B B Y J N Y D N S Q K
```

SEARCH 18: RUDE FOOD!

```
Q F Y C A R S E B U T T E R
U C U N U T S R D K R L S P
E O T C Z N E R C K K N E J
E C T B K N T A M C U S B B
F K J W E N S M I B E G S D
B B C I A T U P U E D T Z T
U U W R U T E G H F I T B V
R R R N E H W C G T F Q M Z
G G Z B C A K A R E B I D M
E E T U J C M E F D T V N R
R R O M I B T P Y F L S Y K
M D X D P A N Q I R L R L K
Z R K Z T V L G P E G E P V
```

ANSWERS

SEARCH 19: WHERE THE FUCK AM I!

```
B Z Z M T D S H I T H O U S E B
U J J B Y B O Y D R L E D R Y E
M Q D K Y V G U L D C N M Z S R
F B T B W P R D C A Y Q D U T E
U D K K Q V P L L H V G O L S D
C Y O J N K Q A T T E H G A R N
K Q K U L M P F E N E D C J W J
D Q N M C H T D U R K E I O L G
H I B V C H A J O C C M T N B M
E B C T D C E H P A K K R V E Y
L M I K E N W D P N C V L T D R
L B M C L J R S I U W X I Y Q Y
N M A T L A V W F N M P Z L Q T
D P Y J R V N D R K E N M K L Q
S R T J Y D Q D R Y N R B T J E
```

SEARCH 20: INSULTS #5!

```
S C R O T U M D O N K E Y V R B
N X R P L V Z B Y E R Y L Y L D
Z N R Y P T D K L X R L R T R T
D B Y T D J B O Y E W E R A V W
Q O T M R Z H M K N T P T L B G
D M U G Q W L C B S T S T N V R
B I G C O Y I Y I I A P Z Y K M
U R C L H L W E K B R K G N P N
T Y B K K E M W T Y C D U L O Q
T Z L C T T Y A K U B H T G Y Q
J M I D I I R A F M C N A U Y J
U D Y H D G C B C S R W Z Q R B
N D S Y M Z M K S H K Y Q R Z D
K R X L P U P A L C T L J M Q Y
I M X L D N L M A E B N T D K V
E R P P D Q N J X K R J L J D Z
```

ANSWERS

SEARCH 21: CUM ___!

```
Z P J P U D D L E T J R
K T D U W T J G U B M M
M G S U N J A L M K M Y
L B J O M K S R Y J B Q
W U M O C P I S T R D W
I B R M C K S E T R D R
P B L B G K T T E A E Q
E L D N U Y E L E L I P
L E M L L C Z Y G R X N
X X T X B Z K G D Y Y X
M J N X U T U E Q D G Q
N V W G Y J N N T X B Y
```

SEARCH 22: CONTAINS CUM!

```
D O C U M E N T C M L E Y N
J T X M Y L G A Y U T Z X Y
I B D L J J Y T C A M X N D
M N R X Z R T W L U Z I E M
L K C N D W C U N G M S N M
J R J U B L M U A L I E U R
W R S M M U C B C C T C N W
J Z U L C B M U M U L D P L
D C C D Z U E U M A M B D T
S Z C N C K C N T Q R B Y T
T M U S B R Y P T B U P E M
R R M N I D R P N G V A N R
M M B C R R Q V N T Z Y T D
```

ANSWERS

SEARCH 23: RETRO SWEARS!

```
T S V P L V D K L W J P R R
B Y W J L J K S T I N K E R
M Z Y I R Z R J R T P W R R
M L J D N E R W C R Q G Q
S Q O K L D J R E H W I N O
R N B S O T L E M I L B N M
R M I Z E E L E C K R K K N
D D O T K R L M R T T D O K
C B X A C D T B Z N Q O O Y
R Y N R Y H G R I K G K T Z
E S N V P T J M A M V Q G D
E W M L N W R E N S L T J R
P J B G D A R T P N H T W T
P R P R V F B Y R W Q M D M
```

SEARCH 24: DICK___!

ANSWERS

SEARCH 25: INSULTS #6!

PUZZLE 26: F-WORDS!

across: 1) fucked 2) fuckman 4) fuckton 7) fucker 10) fucks 11 fucktart 12 fucking 13 fuckwipe 14) fuckrat
down: 1) fuckup 3) motherfucker 4) fucknut 5) outfuck 6) fuckoff 8) fuck 9) tittyfuck

PUZZLE 27: RUDE FOOD!

across: 2) dickcheese 5) twatwaffle 7) wino 9) nuts 11) tatertits 12) cakes 13) creampie
down: 1) teabag 3) cuntmuffin 4) wiener 6) fucksicle 8) nutsack 10) buns

PUZZLE 28: DOUCHE___!

across: 2) kabob 5) rocket 8) plane 9) waffle 11) land 12) wagon 13) trousers **down:** 1) canoe 3) bag 4) nozzle 6) train 7) cannon 10) hat

Made in the USA
Columbia, SC
31 January 2019